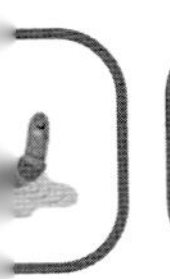    

# Inhaltsverzeichnis

# Vorwort

Liebe Erzieher*innen,

immer dann, wenn es geregnet hat, können wir sie sehen – die Regenwürmer.
Viele Kinder sind fasziniert von den Tieren, andere wiederum empfinden eher Ekel. Aber was wissen wir eigentlich über Regenwürmer? Warum sind sie an der Oberfläche, wenn es geregnet hat? Was fressen sie? Vor welchen Feinden müssen sie sich in Acht nehmen?
All diese Fragen habe auch ich mir während der Erarbeitung dieser Projektmappe gestellt und bin während meiner Recherche auf interessante Antworten gestoßen.
Damit Sie direkt mit dem Projekt loslegen können und nicht vorher noch recherchieren müssen, habe ich Ihnen auf den Seiten 5 und 6 die wichtigsten Fakten kurz zusammengefasst, damit Sie alle Fragen der Kinder spontan beantworten können.

Ich empfehle, das Projekt im Frühling oder Herbst durchzuführen, denn dann kann man die meisten Regenwürmer sehen. Im Sommer oder Winter sind sie eher selten aktiv. Aber sollte das Thema zu diesen Jahreszeiten interessant für die Kinder sein, können Sie es natürlich situationsorientiert auch dann durchführen.

Ich wünsche Ihnen und Ihren Kindern viel Spaß bei diesem Projekt, bei dem das Thema „Regenwurm“ spielerisch mit allen Sinnen erfahren werden kann. Und vielleicht legen die Kinder, die vorher Ekel vor Regenwürmern empfunden haben, diesen nun ab, weil sie erkennen, was für ein nützliches und faszinierendes Tier dieser kleine Wurm doch ist!

Ich wünsche Ihnen und Ihren Kindern viel Spaß mit diesem Projekt!

Jennifer Wagner

**Hinweis:** Aus Gründen der besseren Lesbarkeit wird im Folgenden auf eine sprachliche Differenzierung der Geschlechterbezeichnungen verzichtet. Da die Erzieher*innen in Kindertagesstätten zumeist weiblich sind, haben wir uns hier für die weibliche Form entschieden. Selbstverständlich sind stets alle Geschlechter angesprochen.

# Vorbemerkungen

## Zu den verwendeten Symbolen

**Hauptkategorien:**

Der Regenwurm und der Regen

So sieht der Regenwurm aus

Der Regenwurm und sein Lebensraum

Was frisst der Regenwurm?

Die Feinde des Regenwurms

**Bildungsbereiche:**

 Sprachliche Bildung

 Musikalische Bildung

 Ästhetische Erziehung

 Umwelt-, Sach- und Naturbegegnung

 Sozialerfahrung

 Gesundheit und Ernährung

 Mathematische Bildung

 Wahrnehmung und Entspannung

 Körpererfahrung und Bewegung

## Tipps und Anregungen zu den Angeboten

Die Angebote sind nach Themen sortiert und decken immer unterschiedliche Bildungsbereiche und Altersgruppen ab. Die meisten Angebote sind jedoch für Kinder ab 3 Jahren geeignet. Sie müssen die Themen nicht in der vorgeschlagenen Reihenfolge bearbeiten und können auch die Reihenfolge der Angebote innerhalb eines Themenblocks frei wählen.
Sie können situations- und bedürfnisorientiert vorgehen, je nachdem, woran die Kinder gerade Interesse zeigen. Es wäre schön, wenn Sie das Thema in das direkte Umfeld der Kinder einbinden könnten. Auf dem Außengelände der Kita, einem nahe liegenden Park oder Spielplatz lassen sich bestimmt einige Regenwürmer entdecken.

## Zu Ausmalbilder „Wurm ist nicht gleich Wurm", S. 11:

Sprechen Sie zuvor mit den Kindern, welche Tiere es noch gibt, die dem Aussehen des Regenwurmes etwas ähneln. Vielleicht können Sie sich auch vorab Fotos von den Tieren anschauen. Die Kinder kommen bestimmt auch selbst auf Tiere, die einem Regenwurm ähneln.

# Vorbemerkungen

## Zu den Rezepten „Regenwurm-Pizza", S. 12 und „Regenwurmkekse", S. 27:

Bitte achten Sie auf **Lebensmittelunverträglichkeiten** und Lebensmittelgewohnheiten der Kinder. Natürlich sind alle Lebensmittel abwandelbar, zum Beispiel kann bei der Regenwurm-Pizza Rindersalami, vegetarische Salami oder gar keine Wurst genommen werden.

## Zu „Regenwurm-Pizza", S. 12:

Je nach Wunsch der Kinder können die Pizza-Würmer auch unterschiedlich belegt werden.
Die Regenwurmgröße können Sie natürlich variieren, damit kann sich aber auch die Backzeit verändern. Sie können auch Regenwurm-Käsekräcker herstellen, indem Sie nur ganz dünne Streifen abschneiden, diese leicht zusammendrücken und mit etwas Tomatensoße und Pizzakäse bestreuen. So werden sie schön knusprig im Ofen.

## Zu den Bildkarten, S. 17–20:

Wie Sie mit diesen Bildkarten verfahren, bleibt natürlich Ihnen und den Bedürfnissen der Kinder überlassen. Ich habe Ihnen jedoch auf Seite 16 einige Ideen aufgelistet, wie Sie die Bildkarten verwenden können.

## Zu „Gedicht ‚Kurt, der kleine Regenwurm'", S. 21:

Das Gedicht können Sie den Kindern einfach nur vorlesen oder zusammen mit den Kindern sprechen. Vielleicht schaffen es ja sogar einige Kinder, ein paar Zeilen auswendig zu lernen.

## Zu „Experiment ‚Regenwürmer beobachten'", S. 22:

Bitte machen Sie den Kindern hier noch einmal ganz deutlich, dass Regenwürmer kein Spielzeug sind, sondern Lebewesen. Die Kinder müssen **sehr behutsam** mit den Regenwürmern umgehen und sollten diese auch nicht zu lange aus ihrer natürlichen Umgebung herausnehmen.

## Zu „Der Regenwurm und seine Sinne", S. 26/27:

Um den „Geruchssinn" der Regenwürmer zu testen, kann etwas Essig auf einen Wattebausch gegeben und neben einen Regenwurm gelegt werden. Der Regenwurm bewegt sich von dem Wattebausch weg.

## Zu „Regenwurmkekse", S. 27

Achten Sie auch hier auf evtl. Lebensmittelunverträglichkeiten der Kinder.

## Zu „Durch welches Blatt passt der Regenwurm?", S. 28:

Sie können das Bild mit den Kindern gemeinsam betrachten, um herauszufinden, durch welche Blätter der Regenwurm passt. Sie können aber auch eine Vorlage für jedes Kind kopieren und die Kinder verbinden den Regenwurm mit den passenden Blättern auf ihrem Papier.
Noch eine Möglichkeit wäre es, die Blätter und den Regenwurm auszuschneiden, um so besser erkennen zu können, durch welche Blätter der Regenwurm passen könnte.

# Steckbrief Regenwurm

## Aussehen / Körperbau:

Der Regenwurm sieht aus wie ein mit Ringen versehener Schlauch. Er gehört zu den Ringelwürmern. Sein Körper ist in 60–210 Ringe (Segmente) aufgeteilt. Diese werden im Laufe der Jahre mehr, der Regenwurm wird im Alter also länger. Am 27.–35. Segment hat er eine drüsenreiche Verdickung, die Gürtel genannt wird.
Der Regenwurm kann bis zu 60 cm lang und 16 mm dick werden. Er hat einen weißen bis rötlichbraunen Farbton. Der Regenwurm hat einen Tastsinn, Geschmackssinn, Lichtwahrnehmungssinn und Erschütterungssinn. Regenwürmer besitzen keine Lunge oder Kiemen, sondern sie atmen über die Haut, welche gleichzeitig als Schutzorgan dient.

## Alter:

Regenwürmer werden bis zu 6 Jahre alt, manche Arten können aber sogar bis zu 20 Jahre alt werden.

## Regenwurmarten:

**Weltweit:** 670 verschiedene Regenwurmarten
**Deutschland**: 47 Regenwurmarten
**Bekannteste Arten:** Gemeiner Regenwurm / Tauwurm, Kompostwurm

## Lebensraum / Lebensweise:

Regenwürmer leben im Boden. Sie mögen Temperaturen um die 10 bis 15 Grad und feuchte Böden. Sehr nasse Böden mögen sie jedoch nicht. In der Erde entstehen durch den Regenwurm bis zu 20 Meter lange Röhren. Regenwürmer sind nachtaktiv und kommen tagsüber nur an die Oberfläche, wenn es geregnet hat. Aber warum ist das so? Tatsächlich gibt es darauf keine eindeutige Antwort, nur Vermutungen. Eine davon ist, dass die Regenwürmer bei Regen flüchten, weil ihre Röhren in der Erde überflutet werden und sie bei zu viel Wasser ersticken könnten. Eine weitere Vermutung ist, dass der Regen sich anhört wie die Frequenz des Maulwurfes. Die Regenwürmer flüchten deshalb nach oben, um nicht gefressen zu werden.

## Ernährung:

Regenwürmer sind Allesfresser. Sie fressen aber hauptsächlich Blätter, Pflanzenreste und Mikroorganismen.

## Nutzen:

Durch die Grabtätigkeit des Regenwurms entstehen Röhren. Sie sorgen für eine Durchlüftung des Bodens und transportieren Nährstoffe von unten nach oben. Auch kann das Wasser besser im Boden versickern. Das hilft den Pflanzen und verhindert, dass der Boden abgeschwemmt wird. Außerdem scheiden Regenwürmer gefressene Pflanzenteile als nährstoffreichen Kot wieder aus.

## Feinde:

Vögel (besonders Stare, Drosseln, Amseln, Möwen, Krähen), Marder, Maulwürfe, Igel, Mäuse, Kröten, Frösche, Ameisen und Laufkäfer.

## Fortpflanzung:

Regenwürmer sind Zwitter, das heißt, sie haben männliche und weibliche Geschlechtsorgane in einem Körper. Sie sind also zugleich Männchen und Weibchen. Bei der Paarung lagern sich zwei Regenwürmer eng aneinander. Sie werden durch Schleim zusammengehalten, der aus dem Gürtel abgesondert wird. Dabei überträgt jedes der beiden Tiere Samenzellen (Spermien) in die Samentaschen am Gürtel des anderen. Die Spermien verbleiben dort bis zur Eiablage.
Wenn die Eier reif sind, sondert der Gürtel eine Schleimhülle ab, die Eier und Spermien enthält. Diese Schleimhülle erhärtet und wird als Eibehälter (Kokon) im Boden abgelegt. Ein Wurm legt 20–90 Kokons ab. Ein Kokon enthält ein Ei oder auch mehrere. Nach 2 – 4 Wochen schlüpfen daraus die Regenwürmer, die sofort selbstständig sind.

## Was passiert, wenn ein Regenwurm geteilt wird?

Diese Frage wird oft gestellt. Und wie schnell kann das passieren, wenn man im Garten mit einer Schaufel Erde umgräbt. Wird dabei der Regenwurm zerteilt, leben nicht einfach beide Teile weiter, sodass zwei Regenwürmer entstehen. Der hintere abgetrennte Teil stirbt ab und entsteht neu. Der Regenwurm ist also ein Regenerationskünstler. Jedoch kann sich nur der hintere Teil neu bilden, wenn die lebenswichtigen Organe noch erhalten sind. Der vordere Teil mit der Mundöffnung und dem Gehirn kann nur bedingt neu gebildet werden. Wird der Regenwurm von einem Fressfeind gepackt, kann er auch selbst Segmente abschnüren und abwerfen und so entkommen.

## Woher kommt der Name „Regenwurm"?

Jeder weiß, dass man Regenwürmer sieht, wenn es geregnet hat, also scheint eine solche Bezeichnung naheliegend zu sein.
Vielleicht hat es aber auch nichts mit dem Regen zu tun, sondern der Name kommt von der Bezeichnung „reger Wurm“, da die Würmer sich ständig bewegen.

# Wann sieht man Regenwürmer?

ab 3 Jahren

Material:
Kopiervorlage „Suchbilder Regenwurm“ (s. S. 8), ggf. Buntstifte

Vorbereitung:
Kopieren Sie die Suchbilder und malen Sie diese ggf. an.

Arbeitsanleitung:
Betrachten Sie gemeinsam mit den Kindern die beiden Bilder. Lassen Sie die Kinder erst erzählen, was sie auf dem ersten Bild sehen. Anschließend können die Kinder erzählen, was sie auf dem zweiten Bild sehen.
Nun können sie mit Hilfe der folgenden Fragen gemeinsam mit den Kindern herausfinden, warum man Regenwürmer meistens nur sieht, wenn es geregnet hat.

- Was seht ihr auf dem ersten Bild?
- Wie ist das Wetter auf dem ersten Bild?
- Denkt ihr, dass es auf dem ersten Bild eher warm oder kalt ist?
- Was denkt ihr, warum man auf dem Bild keine Regenwürmer sieht?
- Warum kommen sie nicht aus der Erde, wenn die Sonne scheint?
- Wo haben sich die Regenwürmer versteckt?
- Was seht ihr auf dem zweiten Bild?
- Wie ist das Wetter auf dem zweiten Bild?
- Denkt ihr, dass es auf dem zweiten Bild eher warm oder kalt ist?
- Seht ihr auf dem Bild Regenwürmer?
- Was denkt ihr, warum man auf dem zweiten Bild Regenwürmer sehen kann?
- Warum kommen die Regenwürmer aus der Erde, wenn es geregnet hat?
- …

Erklärung:
Regenwürmer atmen über die Haut. Das funktioniert aber nur, wenn sie feucht ist. Daher leben Regenwürmer in der feuchten Erde. Man sieht sie nicht bei Sonnenschein bzw. Hitze oder im Winter, sondern nur bei Nacht oder wenn es geregnet hat.
Es wird vermutet, dass sie bei Regen an die Oberfläche kommen, weil der Sauerstoffgehalt in den überfluteten Röhren zu niedrig wird. Eine weitere Theorie ist, dass sich die Regentropfen wie Maulwürfe anhören, die gerne Regenwürmer fressen. Eventuell kommen die Regenwürmer dann aus dem Boden, um zu flüchten. So ganz genau kann das aber keiner sagen, weil man die Regenwürmer leider nicht befragen kann.

# Kopiervorlage „Suchbilder Regenwurm"

# Regenmacher

ab 3 Jahren

Material:

1 Küchenpapierrolle pro Kind, Wasserfarben, Pinsel, Wasserbehälter mit Wasser, Transparentpapier, Tesafilm oder 2 Gummibänder pro Kind, Reiskörner o. Ä. zum Befüllen

Vorbereitung:

Sammeln Sie Papprollen von Küchenpapier und unterschiedliche Materialien, die später in den Regenmacher gefüllt werden könnten.

Arbeitsanleitung:

1. Bemalen Sie mit den Kindern die Papprollen mit Wasserfarben und lassen Sie diese anschließend vollständig trocknen. Wenn die Kinder mögen, können Sie diese auch als Würmer gestalten.
2. Schneiden Sie Kreise aus dem Transparentpapier, welche etwas größer sind als die Öffnungen der Papprolle.
3. Verschließen Sie eine Seite der Papprolle mit dem Transparentpapier und Tesafilm oder einem Gummiband.
4. Füllen Sie Reiskörner (oder anderes Material) in die Papprolle. Hier können Sie natürlich sehr gut mit verschiedenen Materialien (Perlen, Murmeln, Styroporkugeln …) experimentieren und mit den Kindern gemeinsam herausfinden, welche Materialen sich am besten eignen, um ein Regengeräusch zu simulieren.
5. Verschließen Sie die andere Seite der Papprolle ebenso mit dem Transparentpapier und Tesafilm oder einem Gummiband.

# Rhythmusspiel „Regenwürmer anlocken"

ab 3 Jahren

Material:
Regenmacher (s. S. 9)

Spielanleitung:
Das Spiel kann mit 5–25 Kindern gespielt werden, abhängig von der Raumgröße und dem Alter der Kinder.

1. Üben Sie zunächst die Regengeräusche mit den Kindern. Dazu nehmen alle ihren Regenmacher und stellen sich im Kreis auf. Die Kinder erzeugen nach Ihrer Anleitung verschiedene Regengeräusche:
   - Nieselregen = Die Kinder bewegen den Regenmacher ganz langsam und nur ein wenig von rechts nach links und von links nach rechts.
   - Prasselregen = Die Kinder bewegen den Regenmacher schnell von links nach rechts oder von oben nach unten.
   - Starkregen = Die Kinder bewegen den Regenmacher schnell und kraftvoll und stampfen dabei mit den Füßen.
2. Nun werden 2–5 Kinder ausgewählt, welche die Regenwürmer spielen möchten. Sie legen ihren Regenmacher zur Seite und hocken sich in die Kreismitte.
3. Außerdem wird ein Kind ausgesucht, welches den Vogel spielt. Dieses Kind legt ebenfalls seinen Regenmacher zur Seite und stellt sich außerhalb des Kreises hin.
4. Geben Sie nun an, welcher Regen jeweils fällt. Die Kinder bewegen den Regenmacher dementsprechend, zum Beispiel: Es regnet leise, es regnet laut, es regnet langsam, es regnet schnell, es gibt Nieselregen, es gibt Prasselregen …
5. Sobald Sie die Anweisung für Starkregen geben, kommen die Regenwurmkinder in der Mitte aus der Erde herausgekrochen (springen hoch).
6. Der Vogel fliegt dann in die Mitte und fängt sich einen Regenwurm. Dieses Kind ist nun der Vogel. Die Kinder, die zuvor Regenwürmer waren, dürfen neue Regenwürmer aussuchen und sind in der nächsten Runde Regenmacher.

# Ausmalbilder
# „Wurm ist nicht gleich Wurm"

ab 3 Jahren

Welches Tier ist ein Regenwurm? → Umrande es farbig.
→ Male aus.

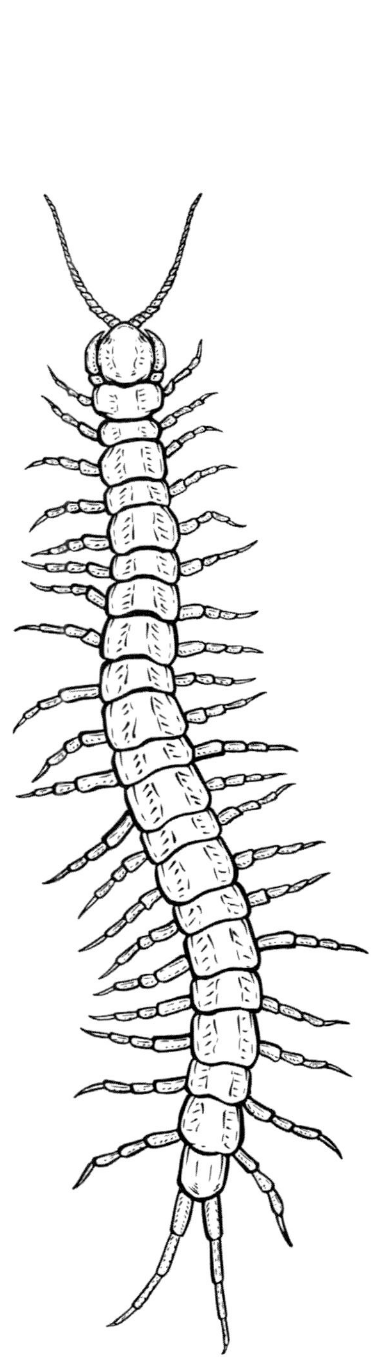

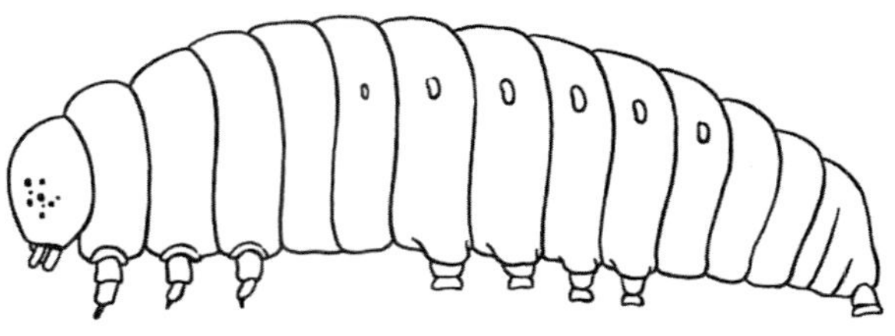

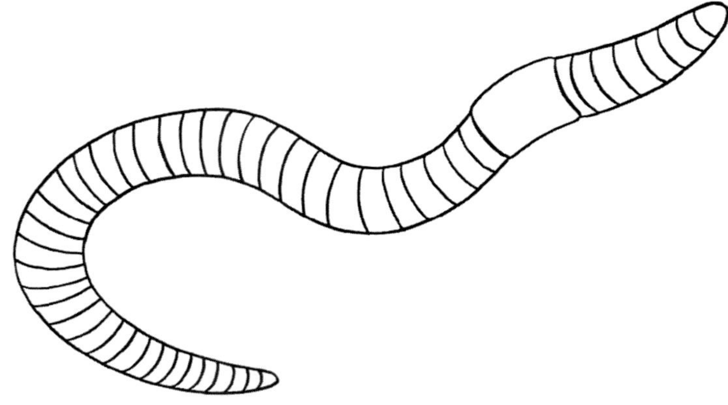

# Regenwurm-Pizza

ab 3 Jahren

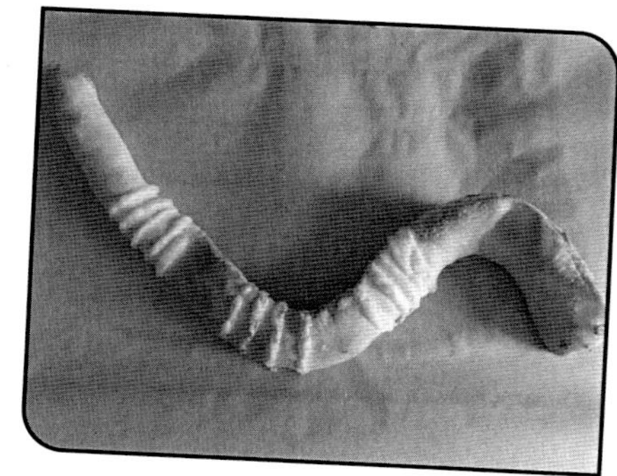

Zutaten für 4 – 5 Pizza-Würmer:
1 Rolle Pizzateig, ½ Dose passierte Tomaten, 2–3 Scheiben Salami, Oregano, ggf. ½ Packung Pizzakäse, 2–3 Scheiben Käse

Arbeitsmittel:
1 Backofen, 1 Backblech, Backpapier, 1 Teelöffel, 1 Messer, ggf. kleine runde Ausstecher

Zubereitung:

1. Heizen Sie den Backofen auf 180 °C vor.
2. Arbeiten Sie am besten direkt auf dem Backblech, so muss der Pizza-Wurm nicht angehoben werden. Schneiden Sie aus dem Pizzateig 4 bis 5 je 5–7 cm breite Streifen.
3. Bestreichen Sie die Streifen mit nur wenig Tomatensoße, so lässt sich der Teig leichter rollen.
4. Schneiden oder stechen Sie pro Pizza-Wurm kleine Kreise als Augen aus der Salami. Schneiden Sie die restliche Salami klein und verteilen Sie sie auf den Pizzastreifen.
5. Streuen Sie Oregano und je nach Geschmack Pizzakäse über die Streifen.
6. Rollen Sie die Streifen zu einem Wurm.
7. Schneiden Sie die Käsescheiben in dünne Streifen und wickeln Sie diese mit etwas Abstand um die Würmer. Legen Sie die Salami-Augen an den Kopf der Regenwürmer.
8. Backen Sie die Regenwürmer im Backofen, bis sie gold-braun sind (ca. 10 Minuten).

ab 4 Jahren

# Regenwurm formen

Material:
1 großes Blatt Papier pro Kind, 1 Stift, Schnur o. Ä., ggf. 1 Schere, ggf. Kleber

Vorbereitung:
Malen Sie für jedes Kind groß ein Rechteck, einen Kreis, ein Quadrat und ein Dreieck auf ihr Blatt Papier und geben Sie jedem Kind mindestens vier lange Stücke Schnur.

Arbeitsanleitung:
Erklären Sie den Kindern, dass die Schnur sich wie ein Regenwurm winden kann. Heute formen die Kinder sie zu ganz besonderen Formen. Benennen Sie die Formen zusammen mit den Kindern. Lassen Sie die Kinder anschließend die Formen mit ihren Schnüren nachlegen. Wenn die Kinder mögen, können sie die gelegte Schnur festkleben und die Formen so nachspüren. Erkennen die Kinder die Formen auch mit geschlossenen Augen?

# Regenwurm aus Papprollen

ab 2 Jahren

Material:
4–7 Papprollen pro Regenwurm, Malkittel, braune Wasserfarbe, Pinsel, Behälter für Farbe, Wasser, 1 Schere, Wollfaden, Wackelaugen (oder andere Materialien für die Augen), Kleber

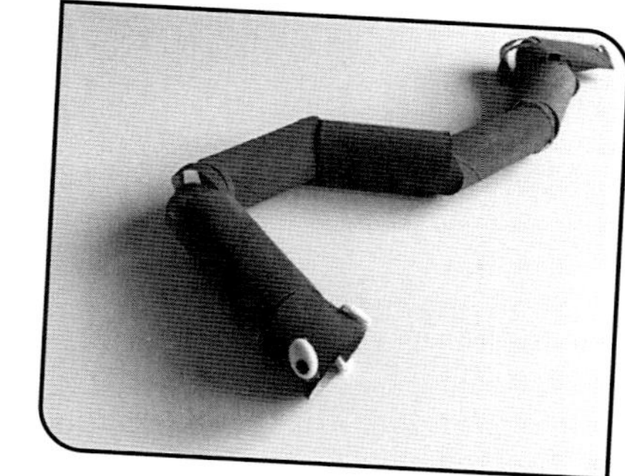

Vorbereitung:
Sammeln Sie Papprollen. Legen Sie diese und alle weiteren Materialien bereit. Die Kinder ziehen Malkittel an.

Arbeitsanleitung:

1. Die Papprollen werden mit brauner Farbe bemalt. Lassen Sie sie vollständig trocknen.
2. Von einer Papprollen wird ein Drittel als Kopf des Regenwurmes abgeschnitten. Aus dem Rest dieser Rolle können Ringe geschnitten werden. Je nachdem, wieviel Ringe der Regenwurm haben soll, kann auch noch eine weitere Rolle zu Ringen zerschnitten werden.
3. Vorne in die Unterseite des Kopfes wird ein kleines Loch gestochen und zwei weitere Löcher in das Ende einer anderen Rolle (oben und unten), dies wird das Endstück.
4. In das Loch des Kopfes wird ein Wollfaden geknotet.
5. Die einzelnen Wurmelemente werden nacheinander über den Faden geschoben und am Ende des Wurmes wieder verknotet. Der Faden sollte so stramm sein, dass die einzelnen Segmente gerade noch beweglich sind.
6. Die Wackelaugen werden an den Kopf des Regenwurmes geklebt.

ab 5 Jahren

# Bilderrätsel „Welche Würmer gibt es?"

Material:
Kopiervorlage „Bilderrätsel" (s. S. 14)

Vorbereitung:
Kopieren Sie die Vorlage für jedes Kind.

Arbeitsanleitung:
Geben Sie jedem Kind eine Kopiervorlage und versuchen Sie gemeinsam, die Bilderrätsel zu lösen. Fragen Sie die Kinder, ob sie die Bedeutungen der Lösungen kennen, und/oder erarbeiten Sie diese mit den Kindern gemeinsam.

# Kopiervorlage „Bilderrätsel"

 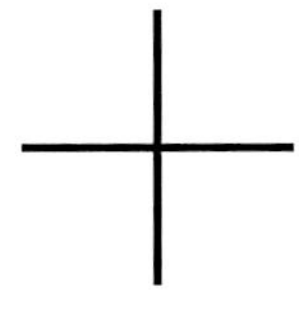 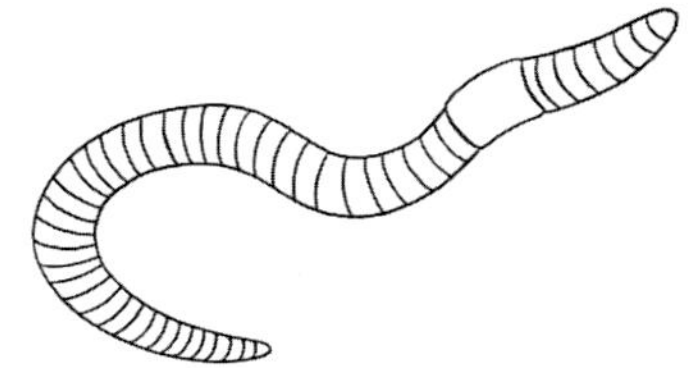 

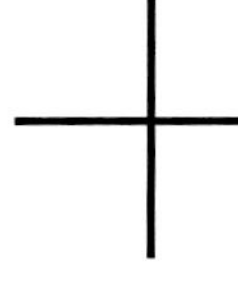 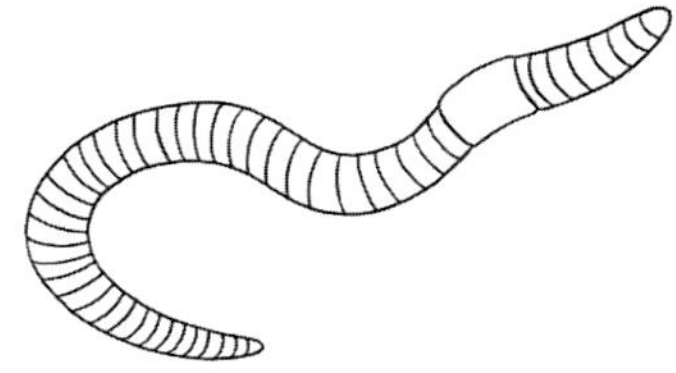 

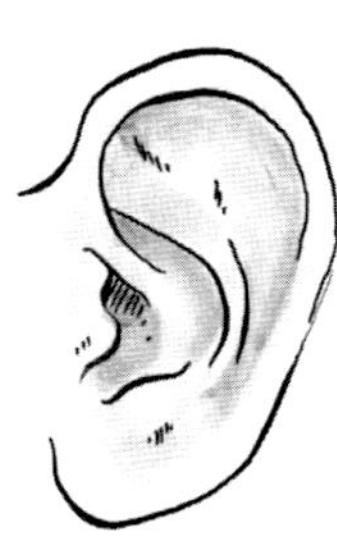 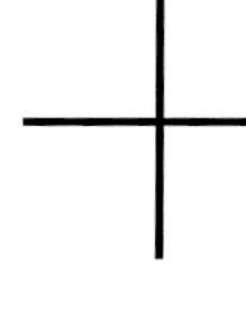 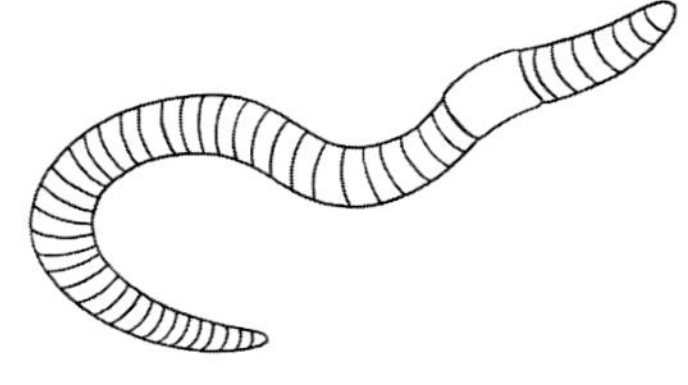 

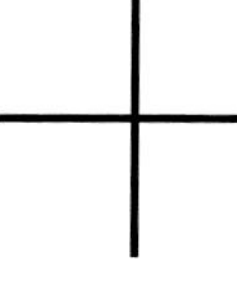 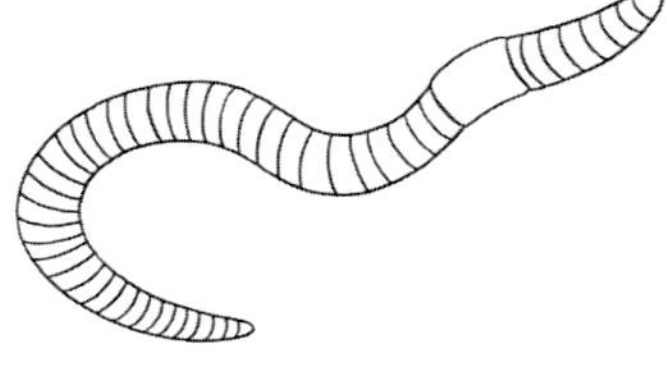 

 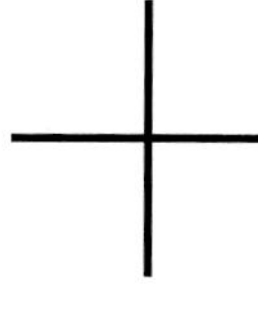 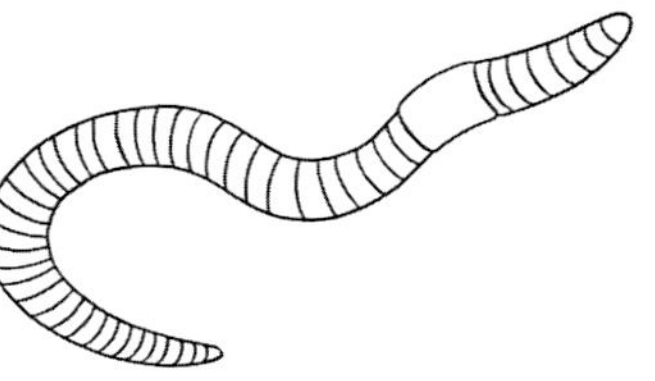 

# Sprichwörter

ab 5 Jahren

Arbeitsanleitung:

Hier sind einige „wurmige“ Sprichwörter, die man immer wieder im Alltag hört und benutzt. Fragen Sie die Kinder, welche davon sie schon einmal gehört haben und ob sie wissen, was diese bedeuten oder in welcher Situation man diesen Spruch anwendet.
Die Bedeutung und die Herkunft können Sie dann gemeinsam mit den Kindern in einer Gesprächsrunde erarbeiten. Vielleicht haben Sie oder die Kinder ja noch ganz andere Ideen, warum man diese Redewendungen verwenden könnte.

**Das wurmt mich.**
*Bedeutung:* Man ist über etwas verärgert oder möchte etwas unbedingt herausfinden.
*Herkunft:* Etwas nagt an einem wie ein Wurm im Magen.

**Ich habe einen Ohrwurm.**
*Bedeutung:* Man bekommt ein Lied nicht mehr aus seinem Kopf.
*Herkunft:* Früher dachten die Menschen, dass Ohrwürmer (Ohrenkneifer) wirklich ins Ohr kriechen.

**Da ist der Wurm drin.**
*Bedeutung:* Etwas funktioniert nicht oder alles geht schief.
*Herkunft:* Wenn ein Wurm im Obst ist, ist dieses ungenießbar.
Eine andere Deutung geht auf den Holzwurm zurück, der früher ganze Häuser einstürzen lassen konnte.

**Du windest dich wie ein Wurm.**
*Bedeutung:* Jemand versucht, sich aus etwas herauszureden.
*Herkunft:* Ein Wurm kriecht und schlängelt sich und ist schwer zu greifen.

**Das kleine Würmchen.**
*Bedeutung:* Jemand ist klein und niedlich.
*Herkunft*: Ein Wurm ist klein und hilflos.

**Der frühe Vogel fängt den Wurm.**
*Bedeutung*: Wer schon früh da ist oder eine Sache beginnt, hat die besten Chancen.
*Herkunft*: Die Vögel, die früh am Morgen wach sind, können auch die meisten Würmer fangen. Dann ist der Boden noch kühl und feucht.

**Jemandem die Würmer aus der Nase ziehen.**
*Bedeutung*: Jemand gibt nur kurze Antworten und man muss mehrfach nachfragen, um die Person zum Reden zu bringen.
*Herkunft*: Früher haben Quacksalber so getan, als würden sie den Menschen die dämonischen, krankmachenden Würmer aus der Nase ziehen, um sie zu heilen.

# Ein Memo-Spiel basteln

ab 4 Jahren

Material:

Bildkarten aus der Heftmitte, 1 Schere, Tonkarton und Kleber oder 1 Laminiergerät und -folie

Arbeitsanleitung:

Trennen Sie die Seite mit den Bildkarten aus der Mitte des Heftes. Kopieren Sie die Bildkarten farbig. Kleben Sie die kopierten Bildkarten auf einen Tonkarton. Nun können Sie alle Bilder einzeln ausschneiden. Wenn Sie ein Laminiergerät haben, können Sie die Bilder natürlich auch ausschneiden und laminieren.
Viel Spaß mit dem Memo-Spiel!

**Weitere Spielideen für die Bildkarten:**

Kartenspiel „Regenwurmpaare“ (3–4 Kinder):

Die Karten werden an alle Kinder verteilt und verdeckt in der Hand gehalten. Bei 3 Kindern wird eine Karte aus dem Spiel genommen. Hat ein Kind schon ein Pärchen auf der Hand, darf es dieses zur Seite legen. Das erste Kind legt nun eine Karte in die Mitte. Das Kind, welches das Gegenstück hat, darf sich die Karte nehmen, das Pärchen zur Seite legen und ist nun an der Reihe, eine Karte in die Mitte zu legen.
Wer am Ende die meisten Pärchen hat, hat gewonnen.

**Kartenspiel „Paare finden“**

Jedes Kind erhält eine Karte. Alle anderen Karten werden verdeckt auf einem Stapel in die Mitte gelegt. Nun darf jedes Kind der Reihe nach eine Karte vom Stapel ziehen und aufgedeckt auf den Tisch legen. Hat ein Kind das Gegenstück, kann es das Pärchen behalten und mit einer neuen Karte vom Stapel weiterspielen.
Auch hier gewinnt, wer am Ende die meisten Paare hat.

# Rückseite Bildkarten (1)

# Bildkarten Regenwurm (1)

# Bildkarten Regenwurm (2)

# Rückseite Bildkarten (2)

| | |
|---|---|
| Regenwurmeier | Regenwürmer bei der Paarung |
| junge Kompostwürmer | Jungwurm |
| Igel mit Regenwurm | Amsel mit Regenwurm |
| Ameisen mit Regenwurm | Feldmaus mit Regenwurm |

# Gedicht „Kurt, der kleine Regenwurm"

ab 3 Jahren

Kurt, der kleine Regenwurm,
würde gerne leben in einem großen Turm.
Nun wohnt er aber in der Erde,
über ihm grast eine Kuhherde.

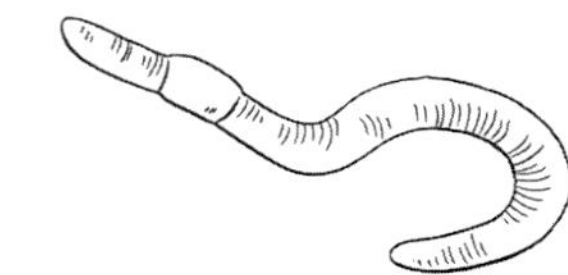

Er fragt sich dann: „Was soll ich tun?
Ich kann doch nicht ewig hier unten ruh'n!"
Doch der Regenwurm weiß,
dort oben ist es für ihn zu heiß.

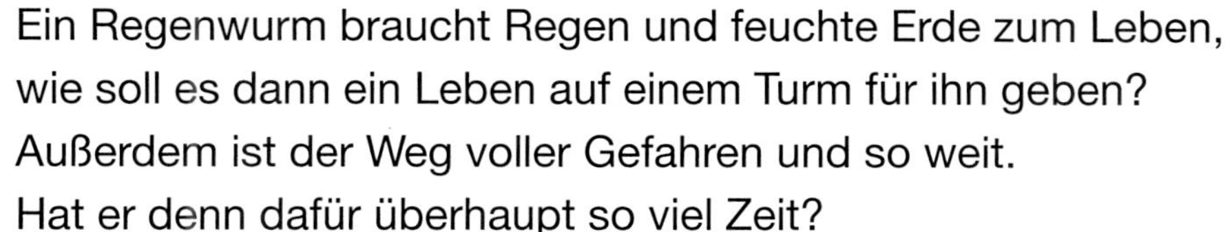

Ein Regenwurm braucht Regen und feuchte Erde zum Leben,
wie soll es dann ein Leben auf einem Turm für ihn geben?
Außerdem ist der Weg voller Gefahren und so weit.
Hat er denn dafür überhaupt so viel Zeit?

Auf der Wiese wär' es viel zu trocken für Kurt,
also wäre dieser Weg total absurd.
Auch möchte er nicht gefressen werden von Amseln oder Krähen,
aber welchen Weg könnte er sonst noch gehen?

Da fällt ihm ein: „Aber natürlich, ja klar,
ich schlängle mich einfach unter der Erde durch, wie wunderbar!"
So macht er sich auf den Weg, bis er den Turm von unten sehen kann,
und danach sind die vielen Treppen dran.

Er schlängelt sich hoch, Stufe für Stufe, Stück für Stück,
doch oben angekommen, stellt er fest: „Ich will wieder zurück!"
Denn er ist gar nicht schwindelfrei
und sehnt sich wieder sein Erdreich herbei.

So schlängelt er sich zurück, die Treppen hinunter
und kriecht wieder in sein Erdreich hinunter.
Er kriecht bis zum Erdloch auf der Wiese mit der Kuhherde.
Hier fühlt er sich wieder wohl, in seinem Zuhause der Erde.

# Experiment „Regenwürmer beobachten"

ab 3 Jahren

Material:
1 durchsichtiges Gefäß ohne Deckel (Aquarium, Glaskasten, Schale …), feuchte Erde (ggf. etwas Wasser dafür), Blätter, Stöckchen und andere Naturmaterialien, Schaufeln, 1 offenes Gefäß zum Sammeln der Regenwürmer, 1 Fotoapparat oder Handykamera

Vorbereitung:
1. Befüllen Sie das Gefäß mit feuchter Erde. Hier können Sie die Kinder natürlich auch schon mit einbeziehen. Kaufen Sie gemeinsam Blumenerde oder nehmen Sie Erde von draußen. Sollte diese zu trocken sein, kann sie mit Wasser befeuchtet werden.
2. Legen Sie anschließend ein paar Blätter, Stöckchen und andere Naturmaterialien in die Erde. Diese können Sie mit den Kindern zuvor sammeln.
3. Gehen Sie mit den Kindern auf das Außengelände, in einen nahe gelegenen Park o. Ä. und suchen Sie nach Regenwürmern. Dafür eignet sich natürlich am besten ein regnerischer Tag, um überhaupt Regenwürmer zu finden. Natürlich können Sie sich auch einmal an einem sonnigen, warmen Tag auf die Suche machen und so direkt mit den Kindern ins Gespräch kommen, warum Sie keine Regenwürmer gefunden haben.
4. Sobald die Kinder einen Regenwurm gefunden haben, nehmen sie diesen behutsam mit der Schaufel mit etwas Erde auf und legen ihn in das offene Gefäß. Bitte erklären Sie den Kindern vorher, dass sie die Regenwürmer nicht mit der Hand aufsammeln sollen, da diese sehr zart und verletzlich sind. Nehmen sie einen oder mehrere Regenwürmer (je nach Größe des Behälters) mit in die Kita. Den Transportbehälter bitte nicht mit einem Deckel verschließen.
5. Die Regenwürmer können Sie in der Kita ganz behutsam in das vorbereitete Gefäß kippen.

Arbeitsanleitung:
Jetzt können die Kinder beobachten, wie die Regenwürmer sich verhalten. Dann können Sie mit den Kindern ins Gespräch gehen und Fotos der Beobachtungen machen:
- Bleiben die Regenwürmer an der Oberfläche oder kriechen sie in die Erde?
- Bilden sich in der Erde Gänge? Wozu könnten die gut sein? (Der Boden wird aufgelockert und durchmischt und Wasser kann besser vom Boden aufgenommen werden.)
- Fressen die Regenwürmer die Blätter?
- Was machen die Regenwürmer, wenn sie sich begegnen?
- …

**Ganz wichtig:** Bitte lassen Sie die Regenwürmer am späten Nachmittag wieder frei. Wir haben für das Experiment zwar eine dem Lebensraum des Regenwurms entsprechende Umgebung geschaffen, jedoch ist diese nur vorrübergehend geeignet. Der Regenwurm muss schnellstmöglich in seine natürliche Umgebung zurückgebracht werden.

# Traumreise ins Regenwurmland

ab 4 Jahren

### Material:

Matten, Kissen, Decken, gemütliches Licht (Lichterketten, Sternenhimmel …), ggf. Kuscheltiere der Kinder, Geschichte „Traumreise ins Regenwurmland“ (s. S. 24/25)

### Vorbereitung:

Wählen Sie einen ruhigen Raum aus, in dem alle Kinder auf Matten Platz finden können. Bereiten Sie den Raum vor, indem Sie die Matten auslegen, Kissen und Decken verteilen, die Fenster abdunkeln und beruhigende Lichtquellen – wie zum Beispiel eine Lichterkette oder einen Sternenhimmel – auslegen oder aufhängen.

### Arbeitsanleitung:

1. Bitten Sie die Kinder, sich eine Matte auszusuchen und es sich gemütlich zu machen. Die Kinder können wählen, ob sie Kissen, Kuscheltiere oder eine Decke brauchen. Erklären Sie den Kindern, dass sie jetzt eine Traumreise ins Regenwurmland machen. Sie können selbst entscheiden, ob sie liegen oder sitzen wollen und ob sie die Augen schließen möchten.
2. Lesen Sie die Traumreise ganz langsam, ruhig, mit vielen Pausen und betont vor.
3. Nach der Traumreise führen Sie mit den Kindern Übungen durch, wie zum Beispiel die Beine ausschütteln, das Gesicht massieren, die Arme ausschütteln, die Arme streicheln, die Finger bewegen, die Beine streicheln, den Kopf kreisen, den ganzen Körper schütteln … Vielleicht haben die Kinder noch mehr Ideen, welche Körperteile man noch wachschütteln kann.
4. Fragen Sie die Kinder anschließend, was sie auf ihrer Reise erlebt haben:
   - „Welchen Knopf musstet ihr drücken, um ins Regenwurmland zu kommen?“
   - „Wie sah die Zeit-Raum-Kapsel aus?“
   - „Wie hat es sich angefühlt, auf dem Wolkenboden zu gehen?“
   - „Welche Farben hatte der Regenwurm?“
   - „Wie war es, über das Gras zu laufen? Was haben eure Füße gespürt?“
   - „Wie sahen die Blumen aus?“
   - „Wie haben sich die Steine unter euren Füßen angefühlt?“
   - „Habt ihr den Regen im Gesicht gespürt? Wie war das?“
   - „War es anstrengend, den Berg zu besteigen?“
   - „Hat das Rutschen Spaß gemacht? Wie habt ihr euch dabei gefühlt?“
   - „Was hast du empfunden, als du im Sand warst?“
   - „Welchen Knopf musstest du drücken, um wieder zurückzufliegen?“
   - …

# Geschichte „Traumreise ins Regenwurmland" (1)

ab 2 Jahren

Lege oder setze dich ruhig und entspannt auf den Boden. Wenn du liegst, sind deine Beine weit von dir gestreckt und die Arme liegen ruhig neben deinem Körper. Atme langsam ein und wieder aus. Schließe nun die Augen, wenn du möchtest. Dann kann unsere Reise beginnen.

Du steigst in deine Zeit-Raum-Kapsel. Sie sieht aus wie eine große Kugel mit vielen bunten Knöpfen im Inneren. Du setzt dich in den weichen, bequemen Sitz und schnallst dich an. Dann drückst du auf einen der vielen bunten Knöpfe, welcher dich in eine andere Zeit und Welt bringt. Er bringt dich ins Regenwurmland.

Deine Zeit-Raum-Kapsel startet und fliegt weit nach oben in den Himmel, bis du dich ganz leicht fühlst. Dann fliegt sie vorwärts durch einen langen roten Tunnel, so schnell wie ein Blitz. Am Ende des Tunnels wird deine Zeit-Raum-Kapsel wieder langsamer und landet sanft auf einem weichen Boden.

Du steigst aus. Es ist, als würdest du auf einem flauschigen Teppich laufen. Das fühlt sich toll an. Nun siehst du auch, worauf du gehst: Es sind Wolken!

Du gehst auf dem weichen Wolkenweg und fühlst dich ganz leicht. Plötzlich kommt aus der Wolke vor dir ein kleiner Regenwurm heraus. Allerdings ist er grün, dann auf einmal rot, dann wechselt er seine Farbe zu lila. Du möchtest ihn gerne anfassen und bückst dich nach unten. Doch bevor du ihn greifen kannst, ist er schon zur nächsten Wolke gehüpft und wieder zur nächsten, bis du ihn nicht mehr siehst.

Du bist neugierig, wohin er verschwunden ist und ob es dort noch mehr solcher Würmer gibt. Also läufst du weiter, bis du wieder festen Boden unter den Füßen spürst. Du erreichst eine grüne Wiese mit vielen wunderschönen, bunten Blumen. Du ziehst deine Schuhe aus und gehst ganz vorsichtig um die Blumen herum. Du spürst, wie bei jedem Schritt das Gras an deinen Füßen kitzelt.

Dann siehst du vor dir einen großen, steinigen Berg und auch den Regenwurm, wie er gerade über der Bergkuppe verschwindet. Auch du kletterst auf den Berg. Dafür musst du deine Hände und Füße ganz kräftig anspannen. Als du siehst, dass auf der anderen Seite eine Rutsche wieder hinunterführt, bist du voller Vorfreude. Du setzt dich hin und rutschst los.

# Geschichte „Traumreise ins Regenwurmland" (2)

ab 2 Jahren

Während du rutschst, entspannen sich deine Hände und Füße wieder. Es ist, als würdest du fliegen. Am Ende der Rutsche landest du ganz weich. Aber diesmal sind es keine Wolken, sondern es ist Sand, auf dem du stehst. Er ist schön warm. Du nimmst den Sand in deine Hände und lässt ihn zwischen deinen Fingern durchrieseln. Das gibt dir ein wohliges, angenehmes Gefühl.

Jetzt siehst du vor dir wieder den Regenwurm, der ständig seine Farbe wechselt. Nein, warte, jetzt sind es zwei, nein drei, nein sogar vier Regenwürmer, die immer wieder im Sand ein- und abtauchen. Es sieht ein bisschen so aus, als würden sie im Sand schwimmen und tauchen. Du möchtest ihnen hinterher und schwimmst durch den Sand, genauso wie die Regenwürmer. Dabei bewegst du deinen Kopf immer ganz leicht auf und ab.

Dann wird der Sand zu Erde. Aber diese ist nicht braun, sondern bunt, und fühlt sich unter deinen Füßen an wie Zuckerwatte. In der bunten Erde tummeln sich tausende Regenwürmer. Manche sind so klein wie eine Nadel, manche so groß wie du. Sie alle sehen freundlich und flauschig aus.

Es gefällt dir gut hier im Regenwurmland. Du spielst eine Weile mit den Regenwürmern. Ihr spielt verstecken und fangen. Du darfst die Regenwürmer auch streicheln, sie sind weich wie ein Teddybär.

Irgendwann fällt dir ein, dass es bestimmt schon sehr spät ist und du ja langsam zurück in die echte Welt musst. Du machst dich also auf den Weg zu deiner Zeit-Raum-Kapsel. Du steigst ein, schnallst dich an und drückst diesmal einen anderen Knopf, der dich wieder zurück auf die Erde bringt, ins Hier und Jetzt.

Du spürst den Boden unter deinem Körper und kommst langsam in den Raum zurück. Du streckst und reckst dich. Dann machst du die Augen wieder auf, wenn du sie geschlossen hattest.

# Der Regenwurm und seine Sinne

ab 3 Jahren

Material:
Kopiervorlage „Sinnesorgane“ (s. u. und S. 27), 1 Schere

Vorbereitung:
Kopieren Sie die Vorlagen „Sinnesorgane“ hoch, sodass die Kinder sie gut sehen können. Schneiden Sie dann die Kärtchen aus.

Arbeitsanleitung:

1. Setzten Sie sich mit den Kindern in einen Stuhlkreis und betrachten Sie mit ihnen die Bilder der menschlichen Sinnesorgane. Fragen Sie die Kinder, wofür man diese benötigt.
2. Betrachten Sie dann mit den Kindern das Bild des Regenwurmes mit Augen, Nase, Ohren und Mund. Fragen Sie die Kinder, was auf diesem Bild nicht stimmt.
   (**Lösung:** Ein Regenwurm hat keine Augen, keine Ohren und keine Nase.)
3. Fragen Sie die Kinder, ob sie eine Idee haben, wie der Regenwurm ohne Augen sehen kann. Verdunkeln Sie kurz den Raum und fragen Sie die Kinder nach dem Unterschied (hell / dunkel). Erklären Sie, dass der Regenwurm keine Augen hat, aber Sinneszellen, mit denen er hell und dunkel unterscheiden kann. So findet er zurück ins Erdreich.
4. Fragen Sie die Kinder nun, ob sie eine Idee haben, wie der Regenwurm ohne Ohren hören kann. Bitten Sie ein paar Kinder darum, sich in die Mitte des Stuhlkreises auf den Boden zu legen und die Ohren zuzuhalten. Die anderen Kinder stampfen nun mit den Füßen auf den Boden. Sprechen Sie mit den Kindern, wie sich das angefühlt hat. Regenwürmer haben keine Ohren. Sie fühlen jedoch die Vibrationen zum Beispiel von Regentropfen oder von den Bewegungen von Maulwürfen mit ihren Sinneszellen auf der Haut.
5. Erklären Sie außerdem, dass der Regenwurm keine Nase hat, er aber ätzende Gerüche über seine Haut wahrnimmt.
6. Der Regenwurm hat aber einen Mund. Dieser erscheint als kleine Öffnung am vordersten Teil des Regenwurmes.

## Kopiervorlage „Sinnesorgane“ (1)

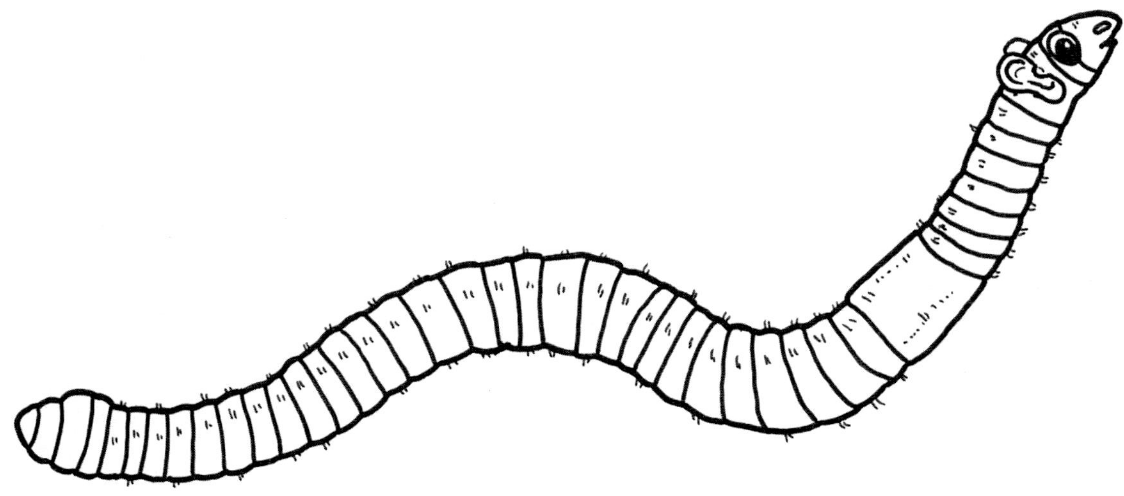

# Kopiervorlage „Sinnesorgane“ (2)

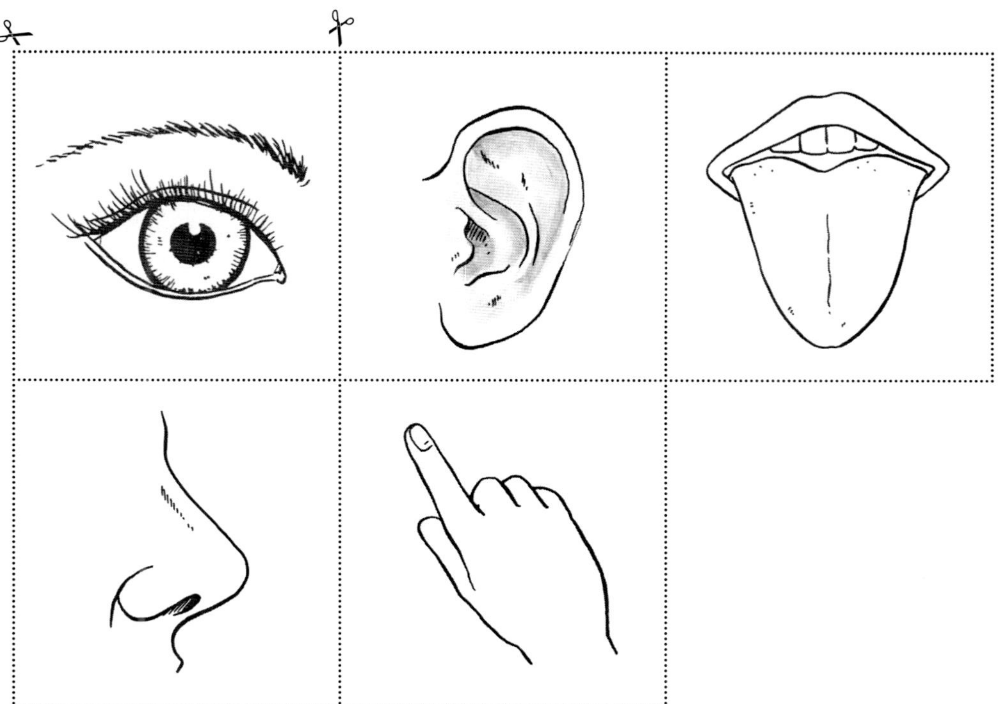

ab 3 Jahren

# Regenwurmkekse

Zutaten (für etwa 25 Kekse):
150 g Vollmilchkuvertüre, 25 Butterkekse (200-g-Packung), Kuchenreste vom Schokokuchen (oder ein kleiner Fertigkuchen), 200 g Marzipan-Rohmasse, rote Lebensmittelfarbe (alternativ Marmelade)

Arbeitsmittel:
2 Töpfe für das Wasserbad der Kuvertüre, 1 Löffel, ggf. 1 Messer

Zubereitung:

1. Die Kuvertüre im Wasserbad schmelzen.
2. Die geschmolzene Schokolade mit einem Löffel auf den Keksen verteilen.
3. Den Kuchen zerkrümeln und auf die Schokolade verteilen.
4. Während die Schokolade antrocknet, können nun die Regenwürmer hergestellt werden. Dafür die Marzipanrohmasse mit roter Lebensmittelfarbe verkneten, bis der wurmige Wunschton erreicht ist. Dafür reichen schon wenige Tropfen.
   Alternativ kann zum Färben auch Marmelade o. Ä. verwendet werden.
5. Nun werden aus dem Marzipan kleine Regenwürmer gerollt. Diese können mit einem Messer etwas eingeritzt werden, um die Ringe darzustellen.
6. Anschließend die Würmer auf die Butterkekse legen.

# Durch welche Blätter passt der Regenwurm?

Durch welche Blätter passt der Regenwurm?

Verbinde.

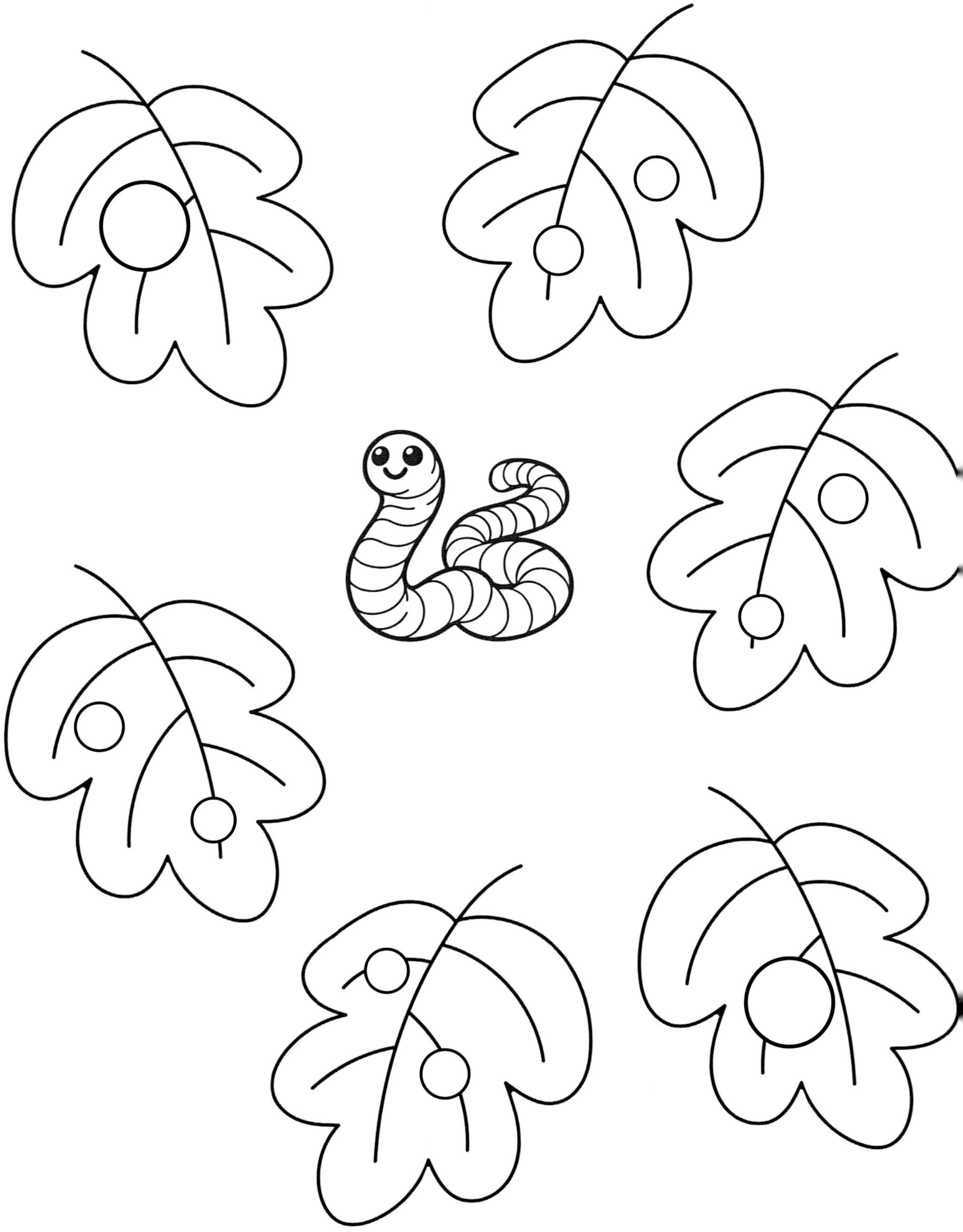

# Labyrinth

Wie kommt der Regenwurm zum Blatt?

Zeichne den Weg ein.

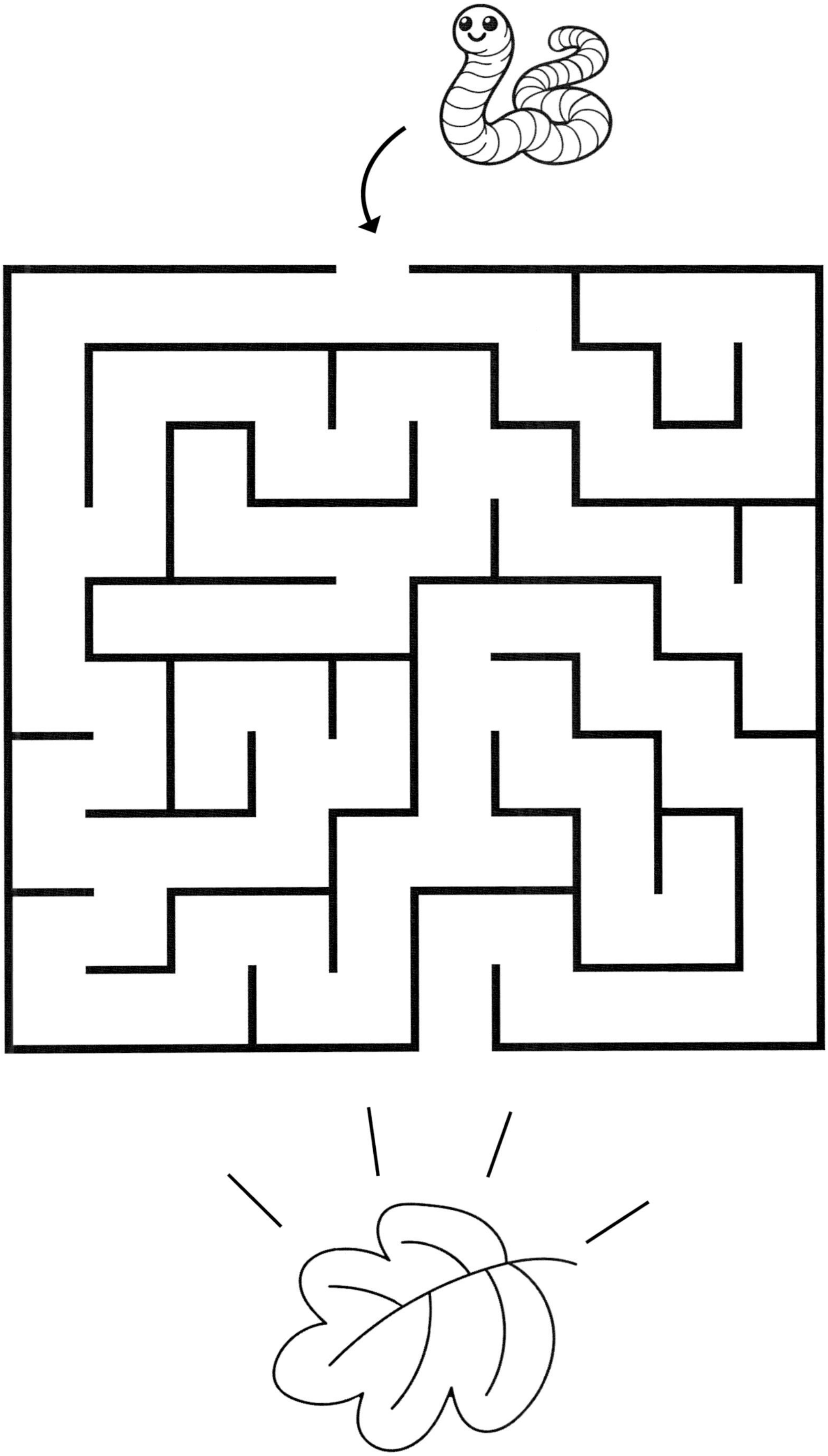

# Wimmelbild „Was frisst der Regenwurm?"

ab 3 Jahren

Arbeitsanleitung:

Betrachten Sie mit den Kindern das Wimmelbild. Bitten Sie die Kinder zu erzählen, was sie alles sehen. Fragen Sie die Kinder, was der Regenwurm fressen kann und was nachher mit dem Fressen passiert. (Dieses wird als fruchtbare Erde wieder ausgeschieden.)
Machen Sie anschließend mit den Kindern einen Spaziergang und bitten Sie sie darum, Dinge, die der Regenwurm frisst, zu sammeln. Schauen Sie sich gemeinsam an, was die Kinder gesammelt haben und besprechen Sie, was der Regenwurm davon fressen kann. Vielleicht entdecken die Kinder auch die Ausscheidungen von Regenwürmern.

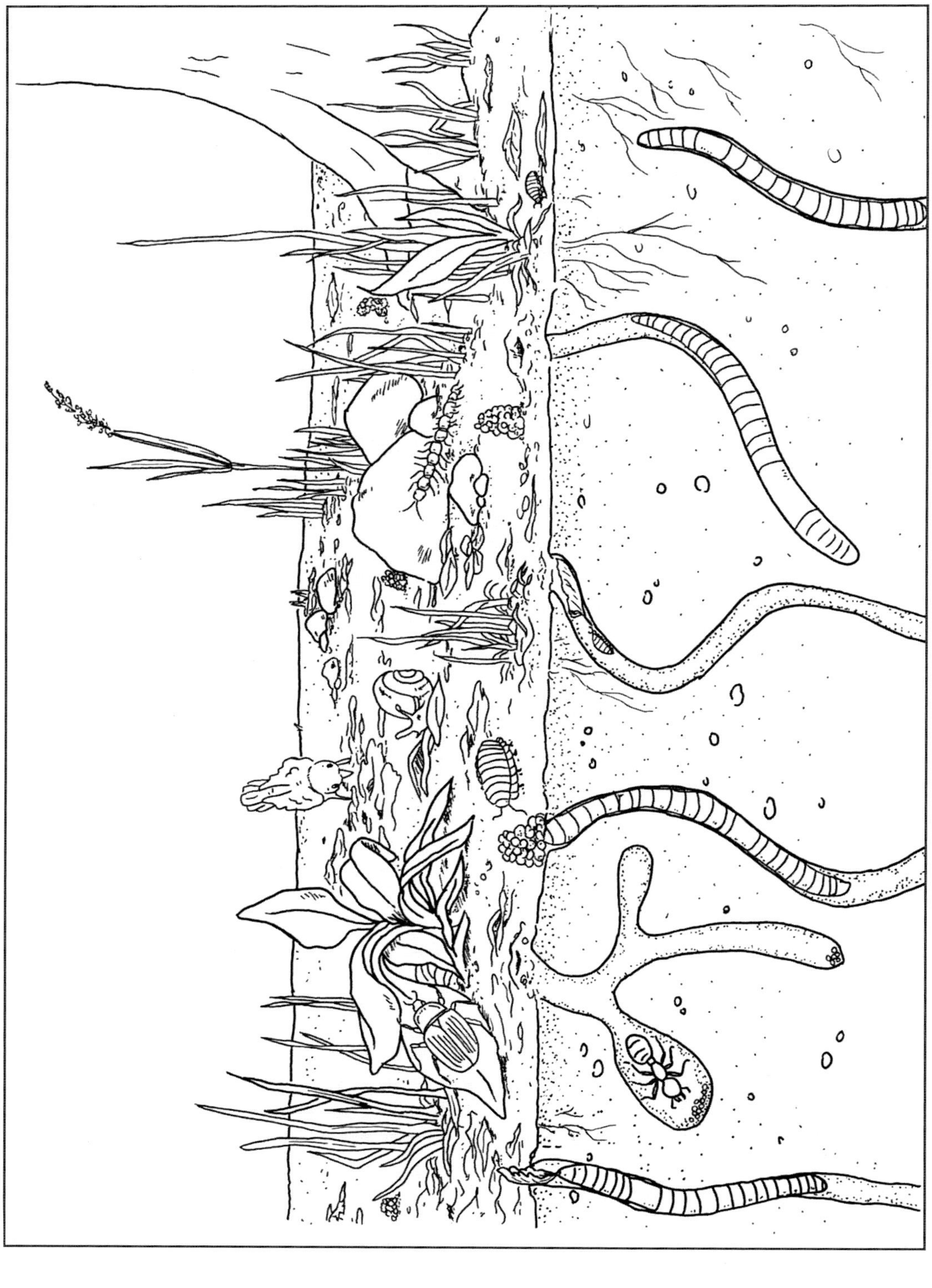

# Finde die Fressfeinde des Regenwurmes

ab 5 Jahren

Material:

Kopiervorlage „Fressfeinde des Regenwurmes“ (s. u.), ggf. Buntstifte, ggf. Scheren, ggf. Bilder der Fressfeinde (s. S. 32)

Vorbereitung:

Kopieren Sie die Vorlage für jedes Kind vergrößert. Kopieren und schneiden Sie ggf. die Bilder der Fressfeinde aus. Setzen Sie sich mit 3–6 Kindern einer Altersgruppe zusammen.

Arbeitsanleitung:

Bearbeiten Sie je nach Alter und Entwicklungsstand der Kinder einige / alle Aufgaben mit ihnen:

- Was seht ihr auf dem Bild?
- Welche Feinde des Regenwurmes seht ihr? Kreist diese ein.
- Wie viele Regenwürmer seht ihr? Kreist diese ein.
- Bitten Sie jedes Kind darum, sich ein Bild von einem Fressfeind des Regenwurmes zu nehmen, diesen zu benennen und ihn auf dem Wimmelbild zu zeigen.
- Malt alle Regenwürmer grün aus.
- Malt alle Fressfeinde in folgenden Farben aus: Igel = Braun, Hase = Gelb, Wildschwein = Rot, Maulwurf = Blau, Vogel = Orange, Maus = Schwarz.
- Zerschneide das Bild in fünf Teile und puzzle es anschließend wieder zusammen.

# Kopiervorlage „Fressfeinde des Regenwurmes“

ab 5 Jahren

# Die Regenwürmer flüchten

In welche Richtung muss der Regenwurm flüchten?
Zeichne es mit einem Pfeil ein.

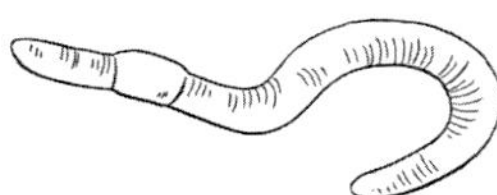

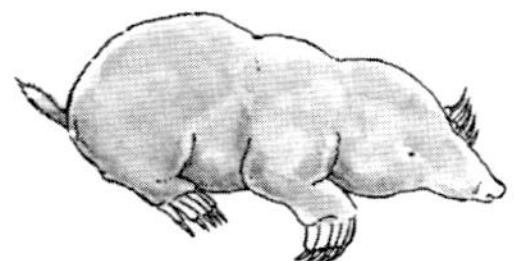
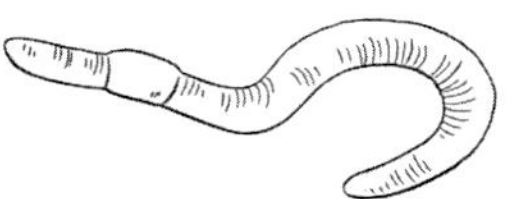

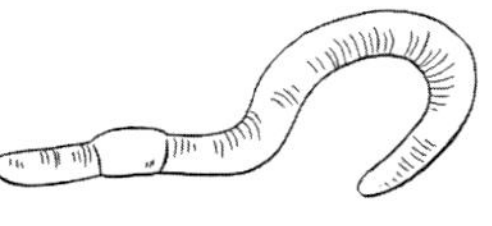

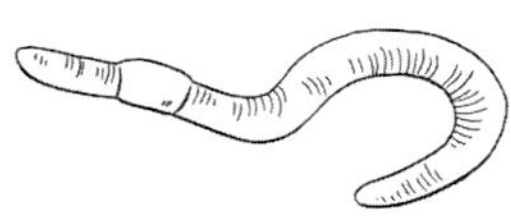

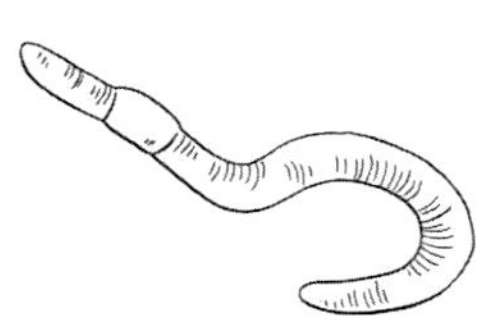

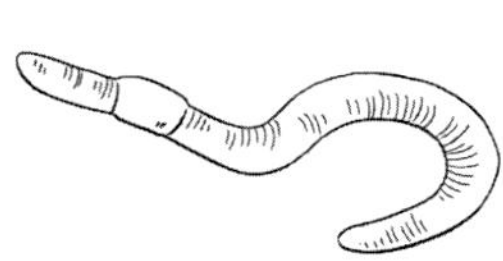

# Lied „Kommt ein Regenwurm gekrochen"

ab 3 Jahren

Arbeitsanleitung:

Setzen Sie sich mit den Kindern in einen Stuhlkreis. Das Lied kann mit den Kindern gesungen werden. Es können aber auch Bewegungen in das Lied integriert werden:

1. Strophe: Ein Kind krabbelt in der Mitte auf dem Boden und schnuppert.
2. Strophe: Das Kind wälzt sich auf dem Boden und freut sich.
3. Strophe: Alle Kinder, bis auf eines, kommen in die Mitte und legen sich ebenfalls auf den Boden.
4. Strophe: Alle Kinder in der Mitte springen auf und tanzen.
5. Strophe: Das Kind, welches noch nicht in der Mitte ist, steht auf. Es macht sich ganz groß, bewegt die Arme wie ein Vogel und geht auf die Kinder in der Mitte zu. Alle Kinder aus der Mitte setzen sich schnell wieder auf ihren Platz.

Wird das Lied als Bewegungsspiel in einer Sporthalle angeboten, können die Kinder auch auf dem Boden sitzen. Bei der letzten Strophe rennen alle Kinder weg und das Vogelkind versucht, ein Kind zu fangen. Dieses Kind ist dann in der nächsten Runde der Vogel.

**Melodie:** traditionell nach „Kommt ein Vogel geflogen"
**Text:** Jennifer Wagner

## Kommt ein Regenwurm gekrochen

Kommt ein Regenwurm gekrochen aus dem Erdreich an die Luft,
denn er spürt schon, es wird kälter, wird gelockt vom Regenduft.

Und dann springt er in die Pfütze, wälzt sich hin und wälzt sich her,
denn er mag es, wenn es nass ist und er freut sich so sehr.

Auch ist er nicht mehr alleine, viele Regenwürmer kommen raus,
sie verlassen ihr Erdreich und sind nun nicht mehr zu Haus'.

Alle Regenwürmer freu'n sich, schlängeln lustig hin und her,
ja sie kriechen und sie tanzen und das fällt ihnen gar nicht schwer.

Plötzlich seh'n sie einen Vogel, fliegt von oben auf sie zu,
und so kriechen sie schnell ins Erdreich und verschwinden im Nu.

# Der Regenwurm Norbert (1)

ab 3 Jahren

Material:
Geschichte „Der Regenwurm Norbert“ (s. u.)

Arbeitsanleitung:
Lesen Sie den Kindern die Geschichte vor. Je nachdem, wie es gerade in Ihre Projektphase passt, können Sie daraus einfach nur eine gemütliche Vorleserunde machen, nach der Geschichte mit den Kindern ins Gespräch kommen oder die Geschichte anschließend noch als Lückentext mit den Kindern bearbeiten. Lesen Sie die Geschichte dafür erneut vor und lassen die kursiv gesetzten Wörter von den Kindern ergänzen. Falls die Kinder nicht auf die richtige Antwort kommen, können Sie das passende Bild dazu zeigen.

## Der Regenwurm Norbert

Der Regenwurm Norbert sieht etwas anders aus als seine Regenwurmfamilie und seine Freunde. Genauso wie er sind sie Tauwürmer. Jedoch hat Norbert nicht die übliche rot-braune Farbe. Nein, er ist grün, viel größer als alle anderen und auch viel kürzer. Aber das stört ihn überhaupt nicht, denn er mag sein Aussehen. Und auch seine Familie und seine Freunde mögen ihn so, wie er ist.

Norbert lebt zusammen mit seinen Eltern und seinen Geschwistern Trudi und Helmut ganz weit unter der Erde. Sie haben jeden Tag eine Menge Spaß zusammen. Sie veranstalten Wettbewerbe wie: „Wer gräbt den längsten Tunnel in fünf Minuten?“, „Wer kriecht am schnellsten vom Tunnelanfang zum Tunnelende?“ oder „Wer bringt das größte Blatt mit in die Erde?“. Regenwürmer fressen nämlich Blätter und andere Pflanzenreste.

Als die Geschwister wieder einmal Fangen spielen, hören sie plötzlich laute Klopfgeräusche. Also eigentlich hören sie die nicht, denn Regenwürmer haben keine Ohren. Aber sie spüren eine Vibration über ihre Haut, und das heißt nichts Gutes. Das muss ein Maulwurf sein! Auch Maulwürfe leben in der Erde. Sie graben Gänge und lieben Regenwürmer, aber nicht zum Spielen, sondern zum Fressen.

Die Geschwister kriechen also so schnell sie können nach oben. Aber es ist zu spät. Der Maulwurf hat sie schon am Ende gepackt und fragt sie, warum sie denn so schnell wegkriechen.

Norbert antwortet, dass sie doch nicht von ihm gefressen werden wollen.

Darauf sagt der Maulwurf: „Ich mag gar keine Regenwürmer. Ich mag nur Käfer. Ich würde so gerne mit euch spielen!“

# Der Regenwurm Norbert (2)

ab 3 Jahren

Da sind die Geschwister erleichtert und haben keine Angst mehr. Sie spielen Fangen und Verstecken mit dem Maulwurf. Von da an sind der Maulwurf und die Regenwurmgeschwister Freunde. Außerdem bittet der Maulwurf seine Familie und Freunde darum, keine Regenwürmer mehr zu fressen.

Ein paar Tage später fühlen die Regenwürmer wieder diese Vibration, aber diesmal ist kein Maulwurf in der Nähe. Das kann nur eines heißen: Es regnet!

„Juchhu!", rufen die Geschwister und machen sich schnell auf den Weg an die Erdoberfläche. Denn sie lieben Regen . Bei Regen kann man am besten auf Blättersuche gehen oder andere Regenwürmer treffen. Außerdem macht es riesig Spaß, sich in einer Pfütze zu wälzen.

Dabei lassen die Geschwister alle Vorsicht fallen und vergessen ganz, dass sie an der Erdoberfläche für all ihre Feinde sichtbar sind. Vor Vögeln und Fröschen müssen sie sich ganz besonders in Acht nehmen. Aber heute scheint ihr Glückstag zu sein, denn es sind keine Vögle oder Frösche in Sicht, und sie können weiter in den Pfützen toben.

Plötzlich sieht Norbert etwas und traut seinen Augen kaum. Da kriecht ein Regenwurm, der genauso aussieht wie er: grün, groß und kurz.

„Hey, Regenwurm, du siehst so aus wie ich. Wie heißt du?", fragt Norbert.

„Hey, ich heiße Gudrun, aber ich bin kein Regenwurm , ich bin eine Raupe , genauso wie du", antwortet die Raupe.

Da überlegt Norbert eine Weile, lächelt dann und sagt: „Hm, vielleicht bin ich tatsächlich eine Raupe, aber meine Familie und Freunde sind Regenwürmer. Dann bin ich halt ein Raupenregenwurm. Ganz egal, wie ich aussehe und was ich bin, wichtig ist doch nur eins:

Ich bin ich und ich bin gut, so wie ich bin!"

Die Feinde des Regenwurms

# Bewegungsgeschichte „Der Regenwurm"

ab 3 Jahren

Material:
1 Matte pro Kind, Bewegungsgeschichte „Der Regenwurm" (s. u.)

Vorbereitung:
Wählen Sie einen großen Raum (z. B. eine Turnhalle) aus und legen Sie für jedes Kind eine Matte auf den Boden.

Arbeitsanleitung:
Jedes Kind stellt sich auf eine Matte. Lesen Sie nun die Geschichte vor und machen Sie währenddessen die entsprechenden Bewegungen. Die Kinder machen diese anschließend mit.

## Der Regenwurm

Draußen ist es warm und die Sonne scheint. *(Die Kinder streicheln mit den Armen und Händen ihren Oberkörper und formen dann mit den Armen eine Sonne.)*

Der Regenwurm mag das nicht und verkriecht sich ganz tief unter der Erde. *(Die Kinder machen eine Bewegung nach unten und legen sich auf die Matte.)*

Plötzlich ziehen Wolken am Himmel auf und einige Regentropfen fallen langsam zu Boden. *(Die Kinder formen eine Wolke mit den Fingern und machen dann Regen mit den Fingern nach.)*

Dann fängt es an, stark zu regnen. *(Die Kinder klopfen mit den Füßen auf den Boden.)*

Das gefällt dem Regenwurm und er kriecht aus seinem Erdloch heraus. *(Die Kinder gehen in die Hocke, kommen ganz langsam hoch und strecken sich.)*

Der Regenwurm schlängelt sich vor Freude hin und her. *(Die Kinder machen mit ihrem Körper Wellenbewegungen.)*

Dann springt er in eine Pfütze und wälzt sich. *(Die Kinder springen hoch, legen sich anschließend auf die Matte und wälzen sich hin und her.)*

Doch plötzlich kommt ein Frosch angesprungen, denn auch Frösche mögen Regen und Regenwürmer. *(Die Kinder springen wie ein Frosch.)*

Der Regenwurm macht sich schnell ganz steif und wird so vom Frosch übersehen. *(Die Kinder legen sich steif auf die Matte.)*

Aber da kommt schon sein nächster Feind herangeflogen: ein Vogel. *(Die Kinder imitieren mit den Armen Vogelflattern und fliegen durch den Raum.)*

Der Vogel schnappt sich den Regenwurm. *(Die Kinder versuchen, sich gegenseitig zu fangen.)*

Aber als er mit ihm davonfliegen will, fällt er ihm aus dem Schnabel. Der Regenwurm fällt in die weiche Erde und verschwindet wieder in der Tiefe. *(Die Kinder legen sich wieder auf ihre Matte und rollen sich ein.)*